MW00933390

Made in the USA
Las Vegas, NV
04 October 2023

78435474R00063